Chouette ! penser.

Directrice de collection :
Myriam Revault d'Allonnes

Gallimard Jeunesse/Giboulées
sous la direction de Colline Faure-Poirée

Édition : Annie Trassaert
Conception graphique & direction artistique :
Néjib Belhadj Kacem

Myriam Revault d'Allonnes
Dessins de Jochen Gerner

POURQUOI LES HOMMES FONT-ILS LA GUERRE?

GiBOULÉES
GALLIMARD JEUNESSE

Sommaire

Comment poser la question
de la guerre ? 18

Guerre et civilisation,
guerre et barbarie 35

Toutes les guerres se valent-elles ?
Toutes les guerres sont-elles
injustes ?
Ou y a-t-il des guerres justes
et des guerres injustes ? 45

Index 58

NUL HOMME N'EST ASSEZ DÉNUÉ DE RAISON POUR PRÉFÉRER LA GUERRE À LA PAIX

Hérodote

Il va de soi que nous n'aimons pas la guerre. Personne n'a envie de la faire, de la vivre et de la subir. Nous savons tous qu'elle ne nous apporte que des souffrances et des tourments, qu'elle sème forcément la mort puisque son but, de part et d'autre, pour chacune des parties, c'est de remporter la victoire sur l'ennemi. Et cette victoire, on la « gagne », on cherche à l'obtenir par tous les moyens de la destruction : la guerre est une violence qui ne connaît pas de bornes.

> **Hérodote** (vers 484-vers 424 av. J.-C.) : historien grec. Considéré comme le « père de l'histoire », il est le premier historien dont les textes écrits nous soient parvenus.

La guerre est une violence — c'est-à-dire une manière de contraindre par la force physique ou morale d'autres êtres humains —, mais il y en a bien d'autres. La guerre n'est pas n'importe quelle violence. C'est une violence qui ne connaît pas de limites puisqu'en temps de guerre les combattants, les soldats, ont la permission de tuer leur ennemi. Ils sont donc autorisés à faire ce qu'ils n'ont pas le droit de faire en temps de paix.

La guerre est un acte de violence qui veut obliger l'ennemi à exécuter notre volonté, à se soumettre à elle. Et chacune des deux parties, chacun des deux camps, se trouve dans cette même position et fonctionne avec cette même idée : de là provient la montée aux extrêmes, c'est-à-dire la lutte à mort.

À l'issue d'une guerre, il y a des vainqueurs et des vaincus. Et les morts se trouvent aussi bien chez les vainqueurs que chez les vaincus. Il y a des morts non seulement parmi les soldats, les combattants, mais aussi chez les non-combattants, les civils et, parmi eux, les enfants. Ce sont des choses que, d'une certaine façon, nous savons tous puisque nous voyons chaque jour à la télévision des images de guerre : des images violentes, insupportables, et nous avons raison de ne pas les supporter, car il n'y a rien de pire que de s'habituer à ce qu'on ne doit pas accepter, à l'inacceptable.

Donc — et tout le monde s'accordera là-dessus — nous n'aimons pas la guerre : nous préférons la paix, nous préférons vivre ensemble avec les autres hommes, parler avec eux, discuter — même si nous ne sommes pas d'accord et parce que nous ne sommes pas d'accord —, pouvoir aller normalement à l'école, construire des villes et les habiter, partir en vacances et ne pas vivre sous la menace des bombes.

Aussi la question que l'on a immédiatement envie de se poser est-elle la suivante : est-il possible que les hommes cessent de faire la guerre ? Pourquoi n'arrêteraient-ils pas de se battre pour vivre toujours en paix ? **Peut-on imaginer un monde sans guerres ?**

Mais revenons d'abord à la question : « **pourquoi** les hommes font-ils la guerre ? » et à la façon dont elle a été posée.

La question « pourquoi », c'est à la fois la question que se pose la philosophie et la question que posent et se posent tous les enfants. Pourquoi le ciel est-il bleu ? Pourquoi y a-t-il des nuages ? Pourquoi y a-t-il quelque chose plutôt que rien ? Pourquoi doit-on mourir ?

Il existe entre les philosophes et les enfants une complicité très profonde. Ils posent les mêmes questions et presque sous la même forme : pourquoi les choses sont-elles comme elles sont ? D'où vient ceci ou cela ? Pourquoi fait-on telle chose plutôt que telle autre ? Le problème est que ce sont des questions auxquelles on ne peut pas toujours répondre. En tout cas, on ne peut pas toujours répondre par « parce que ».

Et de fait, la philosophie, qui pose la question « pourquoi ? », ne répond jamais par « parce que ». La philosophie pense au contraire que répondre « parce que », c'est antiphilosophique. De même que les parents qui finissent, de guerre lasse, par répondre « parce que » ou « parce que c'est comme ça ». Ils ne savent plus quoi dire : non seulement parce que ça les embête, qu'ils n'ont pas le temps, qu'ils doivent aller au supermarché, etc. Mais surtout parce qu'ils n'ont pas la réponse. Et la philosophie non plus n'a pas la réponse : c'est l'une des raisons pour lesquelles on affirme souvent que la philosophie ne « sert » à rien. Mais ce qui importe, c'est de poser des questions et de bien les poser, ou tout au moins d'essayer de bien les poser : c'est déjà très difficile. Il est d'ailleurs possible que l'on s'aperçoive, en y réfléchissant, que les questions elles-mêmes sont mal posées et que, par conséquent, on ne peut pas y répondre. Il faut donc formuler autrement notre question.

Thomas HOBBES (1588-1679) : philosophe anglais.

SI DEUX HOMMES DÉSIRENT LA MÊME CHOSE, ALORS IL N'EST PAS POSSIBLE QU'ILS EN JOUISSENT TOUS LES DEUX, ILS DEVIENNENT **ENNEMIS** : ET DANS LA POURSUITE DE CETTE FIN, CHACUN S'EFFORCE DE **DÉTRUIRE** OU DE **DOMINER** L'AUTRE.

Hobbes

Comment poser la question de la guerre ?

Reprenons donc la question en la posant de différentes manières. Pourquoi les hommes font-ils la guerre ? Est-ce parce qu'ils sont naturellement violents et agressifs ? La guerre est-elle naturelle ? Ainsi posée, la question est celle de l'origine : d'où vient que les hommes font la guerre ? **Y a-t-il une nature guerrière de l'homme ?**

Qu'appelle-t-on **l'agressivité** ? C'est la tendance d'un être vivant à vouloir déployer et manifester sa force et donc à attaquer un autre être vivant. Toutes les espèces vivantes ne sont pas également agressives, elles le sont plus ou moins. Mais être agressif, c'est d'abord déployer son activité d'être vivant : quand un être vivant est attaqué, il se défend et il se sert aussi de son agressivité. Être agressif, au départ, ce n'est pas être méchant. C'est être vivant. Et donc,

il faudra se demander si la guerre est purement et simplement une manifestation de cette agressivité, c'est-à-dire l'une des manières dont elle apparaît, ou une conséquence de cette agressivité, c'est-à-dire les suites qu'elle entraîne.

Réfléchissons sur le comportement des animaux. Nous savons que les êtres vivants se mangent entre eux : les animaux mangent les plantes, les gros poissons mangent les petits, les loups mangent les agneaux ou les chèvres — comme dans l'histoire de la chèvre de M. Seguin —, les lions mangent

> Baruch SPINOZA (1632-1677) : philosophe hollandais.

LES POISSONS SONT DÉTERMINÉS PAR LEUR NATURE À MANGER ET LES PLUS GROS À MANGER LES PETITS ; EN CONSÉQUENCE, LES POISSONS SONT LES MAÎTRES DE L'EAU ET LES PLUS GROS MANGENT LES PLUS PETITS…

<u>Spinoza</u>

les antilopes, etc. Les plus forts mangent les plus faibles. À l'intérieur d'une même espèce, les animaux se battent aussi : pour un territoire, pour se défendre quand ils sont attaqués, pour protéger leur nid et leurs petits, ou encore parce qu'ils sont des prédateurs qui se nourrissent des proies dont ils s'emparent. Cette lutte est liée à la fois à la vie et au prestige, au désir de montrer qu'on est le plus fort...

Mais nous ne pouvons pas tirer de la lutte ou du combat entre les animaux des conclusions sur la guerre que se font les hommes.

Pourquoi ? Tout d'abord, nous ne pouvons pas réfléchir sur les êtres humains comme s'ils étaient des êtres vivants avec quelque chose « en plus » : par exemple, le fait de marcher sur deux pieds et d'utiliser ses mains, de détenir la parole ou d'utiliser des outils. Car ce qui différencie notamment les hommes des animaux, c'est qu'ils vivent en société, dans des sociétés organisées, régies par des lois, des règles qui indiquent ce qui est interdit et ce qui est permis, et qu'ils sont dotés d'un langage qui ne leur permet pas seulement de communiquer mais aussi de s'exprimer, se livrant à cette activité fondamentale qu'est le travail. Ils s'adaptent ainsi à la nature et la transforment, et, de plus, ce travail est différencié ou spécialisé : tous ne font pas le même travail. Cet ensemble de traits, c'est ce qu'on appelle la culture. Ce sont donc ces mêmes hommes qui font la guerre : des hommes qui parlent, qui travaillent, qui vivent avec

> **Communiquer**
> Échanger des informations, des renseignements.

> **S'exprimer**
> Manifester sa pensée ou ses sentiments par le langage, mais aussi par les gestes ou encore par l'art.

d'autres hommes selon des règles communes auxquelles ils se conforment, notamment au sein d'une organisation politique, de cités et d'États.

S'il en est ainsi, nous ne pouvons même rien dire de la guerre dans les temps les plus reculés et les plus anciens de l'humanité : ce que nous appelons la préhistoire, ces temps où les hommes vivaient dans des cavernes, vêtus de peaux de bêtes — du moins c'est ainsi que nous nous les représentons. Même si nous avons vu des films — comme *La Guerre du feu* — où des hommes préhistoriques se font la guerre pour s'emparer du feu.

Nous savons pourtant que, dans les sociétés les plus anciennes — et même dans la préhistoire, chez les hommes des cavernes —, les

hommes se battaient : les squelettes portent les traces de blessures causées par des flèches, et l'on suppose que les silex, les pierres bifaces étaient probablement à la fois des outils et des armes. Très certainement, des groupes humains se sont combattus, même si l'on ne sait pas très bien s'ils l'ont fait pour survivre ou parce qu'ils étaient spontanément violents, ou encore pour défendre un territoire. Il y a eu des contacts violents entre des groupes qui vivaient de la chasse et d'autres de la cueillette ou entre des groupes qui se battaient pour un territoire de chasse. Mais nous ne pouvons pas encore, à propos de ces contacts violents, parler de guerre. Pourquoi ?

Nous ne pouvons parler de guerre que si nous avons affaire à des sociétés organisées, avec des armées organisées. Et de cela nous ne sommes sûrs qu'à partir de l'époque qu'on a appelée l'âge du bronze, il y a 5 000 ans environ. C'est le moment où se

constituent les premiers grands États, où apparaissent les villes, où l'on commence à stocker des ressources, à conserver les récoltes dans des greniers à blé. C'est à ce moment aussi qu'apparaît l'écriture, qui a d'abord servi à comptabiliser ces stocks. Les premiers documents écrits ont un caractère économique : ce sont des listes d'objets, d'animaux, des comptes d'ouvriers.

Que se passe-t-il alors ? Une société se met à produire plus que ce dont elle a besoin pour survivre : elle accumule des réserves, elle met de côté le produit des récoltes en prévision de mauvaises récoltes, d'années difficiles, de famines. **Elle accumule des suppléments de richesses.** Et ces suppléments seront convoités par des voisins moins riches, par exemple par des nomades qui se livrent à des razzias pour s'emparer des surplus. Mais ce n'est pas le plus important.

L'essentiel, c'est que **lorsque les sociétés commencent à accumuler des richesses, à produire plus qu'elles ne consomment, elles envisagent en même temps de s'emparer des richesses que les autres ont accumulées.** À la fois elles produisent de plus en plus et elles veulent s'emparer des surplus que les autres ont produits. Elles produisent et elles ont des comportements de prédateurs.

Les guerres n'existent-elles que

dans les sociétés où règne un souverain tout-puissant ? Là où les hommes ne sont pas soumis à la toute-puissance d'un chef et où ils vivent de manière plus égalitaire, sont-ils plus pacifiques ? La réponse est négative. Une civilisation comme celle des anciens Grecs, qui ont inventé la démocratie — c'est-à-dire une manière de vivre ensemble où les hommes ne sont pas soumis à un individu ou à un petit groupe qui les domine —, est aussi une civilisation guerrière. Tous les hommes libres sont <u>citoyens</u> et tous participent également à l'exercice du pouvoir. Mais ces Grecs qui ont inventé la démocratie n'ont jamais cessé de faire la guerre : les citoyens étaient en même temps des soldats. Il n'y avait pas d'armée de métier mais

Citoyen
Membre de la cité. Le citoyen est celui qui appartient et participe à la communauté politique.

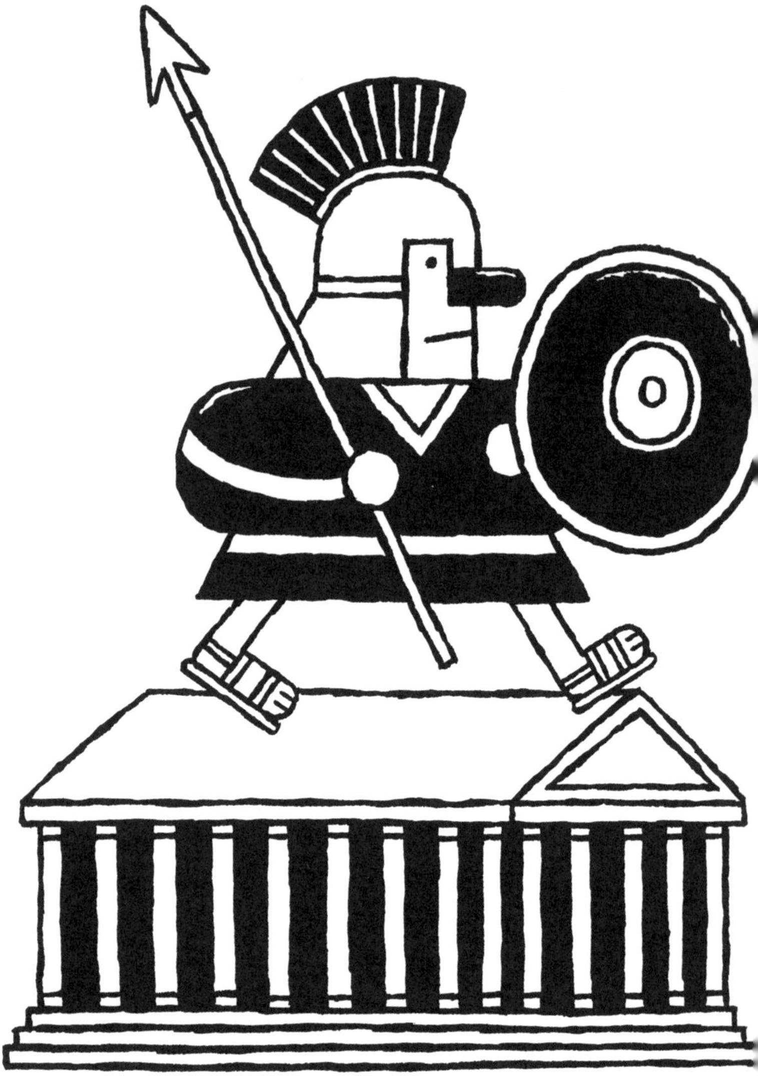

des soldats citoyens : l'armée était l'assemblée des citoyens en armes, et la cité était une communauté de guerriers.

À la question « pourquoi les hommes font-ils la guerre ? », la réponse n'a donc pas été « parce que ». Mais la première interrogation a porté sur ses conditions de possibilité : à quelles conditions peut-on parler de « guerre » ? Et il est apparu que la guerre était liée au fait que les hommes vivent en société, qu'ils vivent ensemble dans des communautés organisées (empires, cités, États, etc.). **La guerre ne vient pas de la nature, elle n'est pas « naturelle » : elle est sociale et culturelle. Les hommes ne se font pas la guerre en tant qu'individus, en tant que particuliers.** Ils ne combattent pas en leur nom propre — même s'ils combattent corps à corps ou se battent en combat singulier, ou encore tirent sur d'autres individus — mais en tant qu'ils appartiennent à une société, à un pays, en tant qu'ils sont membres d'une communauté organisée. C'est dans cette situation — et dans cette situation seulement — qu'ils exercent cette violence sans limites qui consiste à tuer leur ennemi alors qu'ils n'y sont pas autorisés en temps de paix. **La guerre est une conduite organisée, une action violente collectivement organisée entre des sociétés.**

> Jean-Jacques **ROUSSEAU** (1712-1778) : philosophe et écrivain français.

IL N'Y A PAS DE GUERRE D'HOMME À HOMME, IL N'Y A DE GUERRE QUE D'ÉTAT À ÉTAT.

Rousseau

C'est précisément ce qui va poser un nouveau problème très diffcile : celui du rapport entre la guerre, la civilisation et la barbarie.

Guerre et civilisation, guerre et barbarie.

Si donc la guerre est liée à une conduite sociale et, plus largement encore, à la civilisation, nous nous demanderons comment la guerre a évolué au fur et à mesure que l'humanité a progressé. Nous nous demanderons surtout pourquoi les guerres n'ont pas disparu. Car nous vivons, à beaucoup d'égards, mieux que nos ancêtres. Nous vivons moins dangereusement, mieux protégés et plus longtemps, nous disposons de médicaments qui nous permettent de combattre beaucoup plus efficacement les maladies et les épidémies. Nos conditions d'hygiène sont

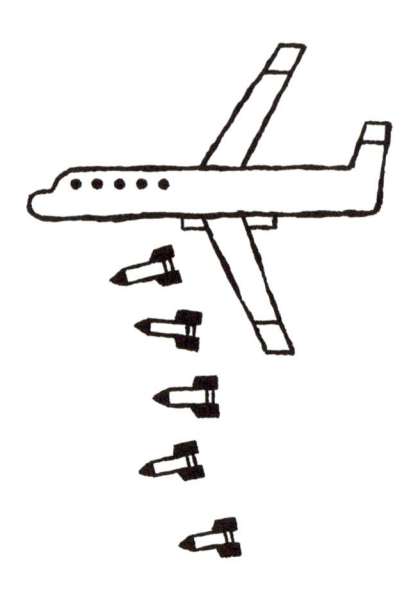

meilleures, même si elles sont très inégalement réparties dans le monde, et nous pourrions avoir l'impression que nous nous respectons davantage. **Nos habitudes sont, dit-on, de plus en plus polies ou de plus en plus « policées » : et pourtant les guerres n'ont pas disparu.** Non seulement elles n'ont pas disparu, mais elles sont devenues de plus en plus meurtrières, de plus en plus dévastatrices, car elles mobilisent des moyens techniques de plus en plus considérables.

Les progrès médicaux, les progrès techniques n'entraînent pas nécessairement le **progrès moral** : les instruments qui permettent de lutter contre la maladie, de retarder l'âge où on doit mourir sont en même temps des moyens de destruction de plus en plus considérables. Le progrès technique

> **Progrès moral**
> L'idée de progrès signifie un changement d'état vers le mieux. Mais les conduites humaines s'améliorent-elles avec les progrès scientifiques et techniques ?

s'accompagne d'une amélioration des conditions de vie, d'un bien-être de plus en plus grand mais aussi de guerres de plus en plus meurtrières : on invente presque au même moment l'imprimerie et la poudre à canon, les antibiotiques et la bombe atomique. Les avions permettent de voyager de plus en plus vite et de plus en plus loin, d'apporter des médicaments, de l'aide pour des populations qui ont été victimes de tremblements de terre. Mais ils servent aussi à larguer des bombes. **La guerre est liée à la civilisation : la civilisation ne signifie pas que la <u>barbarie</u> disparaît. Il faut penser les deux choses à la fois : les sociétés humaines deviennent à certains égards de plus en plus « pacifiées », de plus en plus**

Barbarie
Cruauté, férocité des comportements et des actes humains.

« civilisées », mais aussi de plus en plus violentes ; ces deux aspects sont inséparables, on ne peut pas les dissocier.

On peut le dire autrement. Les hommes ont une tendance à se rassembler, à s'associer, à coopérer avec d'autres hommes — autrement dit, à vouloir vivre en paix pour rassembler leurs forces et leurs capacités et donc pour vivre mieux —, mais ils ont aussi un penchant pour le combat, le conflit et l'affrontement : ils sont à la fois sociables et insociables. Comme le dit Kant, c'est cette « insociable sociabilité » qui les fait devenir humains, pour le meilleur comme pour le pire.

L'humanité aurait-elle pu progresser et même évoluer sans faire la guerre ? La vie en société

Emmanuel KANT (1724-1804) : philosophe allemand.

SANS CES QUALITÉS D'INSO-CIABILITÉ, PEU SYMPATHIQUES CERTES PAR ELLES-MÊMES, TOUS LES TALENTS [DE L'HOMME] RESTERAIENT À JAMAIS ENFOUIS, EN GERMES, AU MILIEU D'UNE EXISTENCE DE BERGERS D'ARCADIE, DANS UNE CONCORDE, UNE SATISFACTION, ET UN AMOUR MUTUELS PARFAITS ; LES HOMMES, DOUX COMME LES AGNEAUX QU'ILS FONT PAÎTRE, NE DONNERAIENT À L'EXISTENCE GUÈRE PLUS DE VALEUR QUE N'EN A LEUR TROUPEAU DOMESTIQUE...

Kant

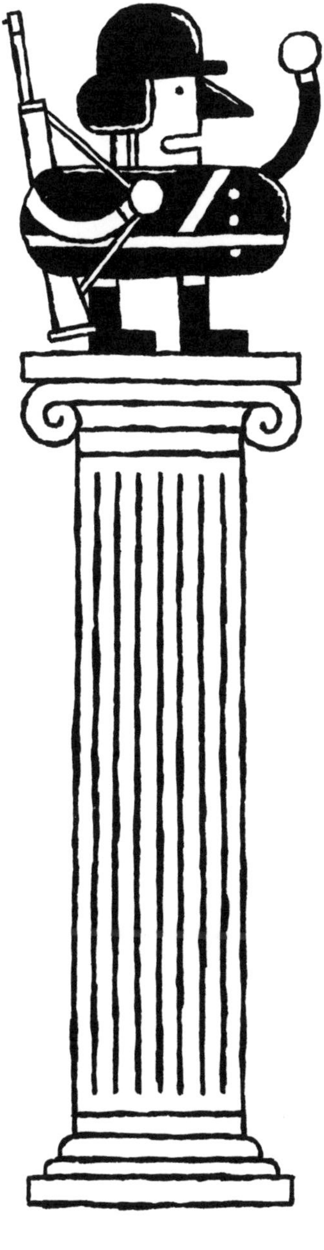

> **Émulation**
> Sentiment qui nous pousse à vouloir égaler ou surpasser les autres.

> **Conflit**
> Situation dans laquelle nous nous opposons aux autres.

n'implique-t-elle pas la guerre ? Les hommes ne sont pas humains tout seuls : ils ne vivent pas isolés mais avec et parmi d'autres hommes. La vie en société implique donc l'émulation et le conflit : **les hommes luttent d'abord pour la reconnaissance.**

En un sens, la compétition est quelque chose d'inévitable et même de positif. Et la violence est probablement un élément que l'on ne pourra jamais faire entièrement disparaître : le problème, c'est donc de la contrôler, de la régler, de la canaliser. Comment faire en sorte que le conflit prenne des formes qui ne soient pas meurtrières ? C'est une vraie et difficile question, et c'est peut-être — tout au moins en ce qui concerne la guerre — la seule question vraiment intéressante, même si nous ne disposons pas de réponses toutes faites.

La guerre a donc été définie comme une violence qui s'exerçait sans limites dans la mesure où, en temps de guerre, on a le droit de tuer ses ennemis. **Un soldat qui tue un autre soldat en temps de guerre n'est pas un criminel. Mais pourtant il n'a pas le droit de faire n'importe quoi. La guerre n'est pas toujours un crime, mais il y a des crimes de guerre. Qu'est-ce que cela signifie ? Il y a des règles de la guerre et dans la guerre : il existe un droit de la guerre et donc une manière de faire la guerre qui doit être conforme à ces règles.** Par exemple, on ne doit pas s'attaquer aux civils, aux non-combattants, aux enfants. On ne doit pas tuer les prisonniers, on

Convention
Accord officiel passé entre individus ou entre États.

Les conventions de Genève ont été conclues en plusieurs étapes : en 1864, 1907, 1929 et 1949.

doit leur assurer des conditions convenables, on ne doit pas achever les ennemis blessés : des textes qui énoncent les accords internationaux, appelés « les conventions de Genève », fixent ces principes et leur application. Mais ils ne sont pas toujours respectés et c'est par rapport à ce non-respect que l'on parle de **crimes de guerre.**

Toutes les guerres se valent-elles ? Toutes les guerres sont-elles injustes ? Ou y a-t-il des guerres justes et des guerres injustes ?

Il y a toujours une **injustice de la souffrance** infligée aux civils, aux non-combattants, et cette souffrance est un **scandale**. Le mot de « scandale » est au départ un mot très fort : il vient du grec *skandalon*, l'obstacle qui fait tomber, la pierre d'achoppement sur laquelle on trébuche et on tombe. Aucune guerre n'a pu et ne peut faire l'économie de la souffrance et de la mort. Le prix à payer est toujours très lourd. Et en ce sens, toute guerre est injuste parce qu'elle ne peut jamais épargner les innocents, parce qu'elle est meurtrière pour les populations civiles. La guerre enferme la mort.

Mais on ne peut exclure cette autre question : dans certains cas, n'est-on pas obligé de faire la guerre pour se défendre quand on est attaqué ou pour aider ceux qui sont attaqués et qui n'ont pas les moyens de se défendre parce qu'ils sont trop faibles ou encore pour éviter un mal encore beaucoup plus grand ? C'est le grand problème du rapport entre la force et le droit. Il faut parfois assurer le droit à l'aide de la force et il y a des situations où seule la force peut garantir le droit du plus faible. La justice sans la force est souvent impuissante. On se demandera alors s'il existe des guerres justes et des guerres injustes. En un sens, il faut le répéter, toutes les guerres sont injustes puisqu'elles entraînent la mort de civils innocents et même de combattants ennemis qui ne sont pas des êtres humains méchants : les ennemis que nous combattons sont des hommes, eux aussi.

Mais cela n'empêche pas de se demander si toutes les guerres se valent et si, dans certains cas, il n'est pas justifié de faire la guerre.

Droit
Le droit énonce les règles auxquelles on doit se conformer lorsqu'on agit au sein d'une collectivité humaine.

Justice
La justice est la conscience que nous avons du droit.
La justice est une exigence qui s'exerce dans un certain cadre : elle est alors le pouvoir de faire régner le droit.

> Jonathan SWIFT (1667-1745) : écrivain irlandais de langue anglaise.

Dans les *Voyages de Gulliver*, Swift raconte comment l'empire de Lilliput et son voisin, l'empire de Blefuscu, se trouvent engagés depuis des siècles dans une guerre à mort dont voici la raison :

« Chacun sait qu'à l'origine, pour manger un œuf à la coque, on le cassait par le gros bout. Or, il advint que l'aïeul de notre Empereur actuel, étant enfant, voulut manger un œuf en le cassant de la façon traditionnelle, et se fit une entaille au doigt. Sur quoi l'Empereur son père publia un édit ordonnant à tous ses sujets, sous peine des sanctions les plus graves, de casser leurs œufs par le petit bout. Cette loi fut si impopulaire, disent nos historiens, qu'elle provoqua six révoltes, dans lesquelles un de nos Empereurs perdit la vie,

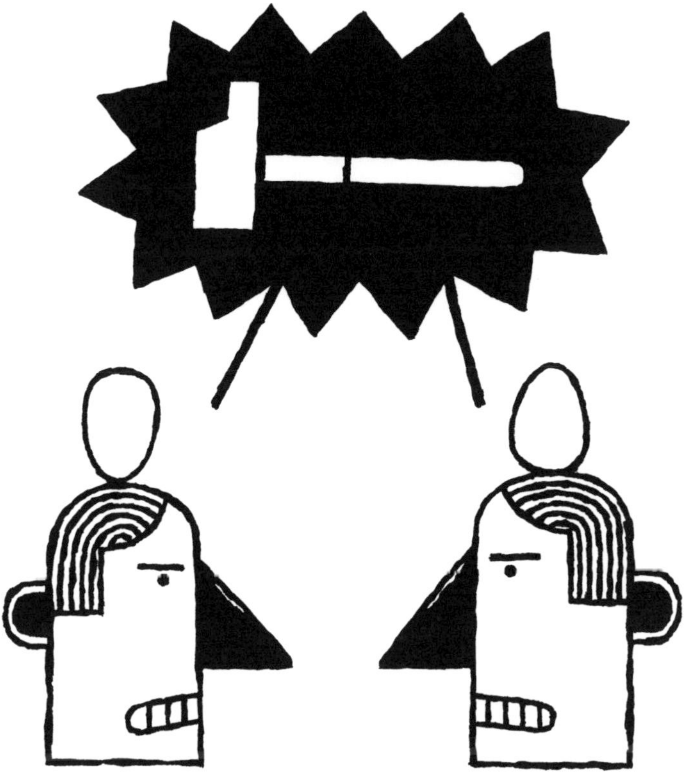

un autre sa Couronne. Ces soulèvements avaient chaque fois l'appui des souverains de Blefuscu et, lorsqu'ils étaient écrasés, les exilés trouvaient toujours un refuge dans ce Royaume. On estime à onze mille au total le nombre de ceux qui ont préféré mourir plutôt que de céder et de casser leurs œufs par le petit bout. »

Ce récit dénonce une guerre injustifiable, car derrière l'absurdité qui consiste à se battre pour savoir si on va casser les œufs par le gros bout ou par le petit, Swift se livre à une critique féroce de l'intolérance et des ravages qu'elle produit.

Mais il y a, à l'inverse, des cas où le pacifisme — le refus à tout prix de la guerre — devient une faute et même un crime : par exemple, si

l'on ne fait rien pour arrêter un ennemi qui non seulement veut remporter la victoire, être le plus fort, s'emparer d'un autre territoire, mais anéantir ou <u>exterminer</u> une partie de l'humanité. La guerre est alors inévitable.

Exterminer
Faire périr jusqu'au dernier. On peut anéantir, c'est-à-dire faire disparaître, sans exterminer.

Ainsi, la guerre totale menée par les nazis a été une guerre d'anéantissement où les enfants eux-mêmes sont devenus des ennemis, où l'on a exterminé des êtres humains au motif qu'ils étaient nés tels ou tels : juifs ou tsiganes, par exemple. Et dans ces conditions, ne peut-on alors qualifier de guerre juste la guerre contre l'Allemagne hitlérienne ?

À la question « Pourquoi les hommes font-ils la guerre ? », il n'y a donc pas de réponse simple ni de réponse toute faite. Aucune réponse n'a et ne peut avoir le dernier mot. Mais l'on a envie de revenir à l'un des premiers récits de guerre qui nous soient parvenus : celui de la guerre de Troie. Le poète Homère rappelle dans l'*Iliade* le souvenir des actions glorieuses et des hauts faits accomplis de part et d'autre par les Grecs et par les Troyens. Il montre que les vainqueurs et les vaincus subissent

Homère
Poète mythique auquel on attribue l'*Iliade* et l'*Odyssée*.

TEL UN PRODIGIEUX INCENDIE FAIT RAGE À TRAVERS LES VALLÉES PROFONDES D'UNE MONTAGNE DESSECHÉE. LA FORÊT PROFONDE BRÛLE, ET LE VENT, QUI LA POUSSE EN TOUS SENS, EN FAIT TOURNOYER LA FLAMME. TEL, EN TOUS SENS, BONDIT ACHILLE, LANCE AU POING, PAREIL À UN DIEU, SE RUANT SUR SES VICTIMES. LA TERRE NOIRE EST INONDÉE DE SANG. SON CŒUR NE SONGE QU'À DES ŒUVRES DE MORT. IL VA, FRAPPANT AVEC ENTRAIN, ET UNE PLAINTE MONTE, HORRIBLE, DE TOUS LES CORPS QUE FRAPPE SON ÉPÉE. L'ONDE DEVIENT ROUGE DE SANG.

Homère

tous deux la violence : les forts ne sont jamais absolument forts, les faibles ne sont jamais tout à fait faibles. Achille, dont la violence au combat ne connaît aucune borne, tue son ennemi Hector et traîne son corps autour des remparts de la ville avec une incroyable fureur.

Mais parfois la fureur et la vengeance disparaissent et le vainqueur écoute **le suppliant**, tel Achille accueillant le vieux roi Priam qui vient lui demander de lui rendre le corps de son fils Hector. Achille reçoit Priam à sa table et l'écoute avec émotion. Saisi par la compassion, il va accéder à sa demande.

Le poète raconte donc l'histoire en effaçant la différence entre les vainqueurs et les vaincus, entre les

> **Le suppliant**
> Dans la Grèce antique, le suppliant est celui qui se place sous la protection des dieux pour implorer le pardon ou la clémence du vainqueur.

Grecs et les Troyens. Achille, souvent décrit comme une bête féroce, est pourtant accessible à la pitié et surtout capable d'admiration pour son ennemi. Le malheur des vaincus est décrit de façon aussi déchirante que si le poète était troyen : or Homère est grec. Il rend justice aux vaincus autant qu'aux vainqueurs, de sorte qu'on ne sait pas de quel côté il est. Ni les vainqueurs ni les vaincus ne sont donc admirés, méprisés ou haïs. Ils sont avant tout des hommes.

Simone WEIL (1909-1943) : philosophe française.

LA FROIDE BRUTALITÉ DES FAITS DE GUERRE N'EST DÉGUISÉE PAR RIEN, **PARCE QUE NI VAINQUEURS NI VAINCUS NE SONT ADMIRÉS, MÉPRISÉS NI HAÏS.** LE DESTIN ET LES DIEUX DÉCIDENT PRESQUE TOUJOURS DU SORT CHANGEANT DES COMBATS… QUANT AUX GUERRIERS, LES COMPARAISONS QUI LES FONT APPARAÎTRE, VAINQUEURS OU VAINCUS, COMME DES BÊTES OU DES CHOSES NE PEUVENT FAIRE ÉPROUVER **NI ADMIRATION NI MÉPRIS,** MAIS SEULEMENT LE REGRET QUE LES HOMMES PUISSENT ÊTRE AINSI TRANSFORMÉS.

Simone Weil

Index

Cet index regroupe les noms propres et les mots dont le sens est expliqué dans les bulles de couleur placées en marge du texte. Les numéros renvoient aux pages.

barbarie : 38
citoyen : 29
communiquer : 23
conflit : 42
convention : 44
conventions de Genève, les : 44
droit : 47
émulation : 42
exterminer : 51
HÉRODOTE : 9
HOBBES, Thomas : 16
HOMÈRE : 52
justice : 47
KANT, Emmanuel : 39
progrès moral : 37
ROUSSEAU, Jean-Jacques : 32
s'exprimer : 23
SPINOZA, Baruch : 20
suppliant, le : 54
SWIFT, Jonathan : 48
WEIL, Simone : 56

© Gallimard Jeunesse, 2006
ISBN : 207051110 3
Premier dépôt légal : février 2006
Dépôt légal : mai 2006
Numéro d'édition : 144814
Loi n° 49956 du 16 juillet 1949
sur les publications destinées à la jeunesse
Imprimé en Belgique